MAGNETI DI DENARO

MAGNETI DI DENARO

LEGGE DI ATTRAZIONE

MAGNETI DI DENARO

 MAGNETI DI DENARO

CONTENUTI

Iniziamo...

La legge di attrazione - Che cosa è veramente e cosa non è

Pensiero oggettivo e soggettivo

Ferma i processi predefiniti che governano la tua vita

Cambia il tuo processo di pensiero

La mente giusta per i soldi

La manifestazione della ricchezza attraverso la legge di attrazione

Un povero che pensa positivamente ai soldi è ricco?

Che dire di lotterie e guadagni inaspettati?

Equilibrio tra "I" interno e "I" esterno

Perché non tutti quelli che usano la legge di attrazione diventano ricchi?

Conclusione

MAGNETI DI DENARO

Iniziamo...

Con il libro "The Secret", seguito dalla straordinaria risposta che ha raccolto, molte persone parlano della Legge di Attrazione. Il problema è che non metà di queste persone sa di cosa stanno parlando.

La Legge di Attrazione non è un incantesimo o una pozione che vorrà che tutti i tuoi problemi scompaiano. Ci sono cose da fare se vuoi sperimentare la sua ricchezza nella tua vita.

Questo libro tratta in particolare l'implementazione della Legge di Attrazione nella raccolta di fondi, ma in realtà si tratta di varie applicazioni che possono aiutarti a migliorare la tua vita.

 MAGNETI DI DENARO

Libera la tua mente da tutto questo casino e buona lettura.

La legge di attrazione - Che cosa è veramente e cosa non è

Cominciamo comprendendo in cosa consiste veramente la Legge di Attrazione:

È incredibile vedere quanto si parla della Legge di Attrazione e quante poche persone sanno davvero di cosa si tratta. La Legge di Attrazione non è un incantesimo usato e le cose iniziano a succedere in quel modo. Non è che dici qualcosa mille volte al giorno e vedi che le cose accadono nel modo che desideri. Se la Legge di Attrazione fosse stata così semplice, avremmo già visto il mondo come un posto molto migliore.

Le persone spiegano la Legge di Attrazione in diversi modi. La definizione più comune che troverai sarà qualcosa del genere:

"Se credi fermamente che qualcosa deve accadere, accadrà sicuramente."

Una frase non potrebbe essere più semplice, ma ti renderai immediatamente conto che ciò solleva più domande che risposte. La questione dei desideri è la più importante. È proprio quello che vogliamo e pensiamo intensamente a ciò che accadrà?

O succederanno cose che non vogliamo se in qualche modo ci pensiamo intensamente? Poi c'è anche la questione del conflitto interno di pensieri. A volte ci possono essere situazioni in cui pensiamo allo stesso modo in entrambi i modi. Ad esempio, possiamo pensare che un lavoro possa o meno essere nostro. Quindi, come possiamo applicare la Legge di Attrazione in questo caso? O cosa facciamo

quando pensiamo fortemente a qualcosa e qualcun altro pensa fortemente al contrario? Cosa succederà in quel caso?

Per rispondere a tutte queste domande, è importante capire prima cosa dice veramente la Legge di Attrazione.

Nonostante i vari modi in cui è stata definita la Legge di Attrazione, possiamo suddividere le cose nei seguenti quattro elementi:

• Dobbiamo sapere esattamente cosa vogliamo.

• Dobbiamo iniziare un processo di pensiero per questo, e iniziare a gridare all'universo per farlo accadere.

• Quindi dobbiamo visualizzare una situazione in cui abbiamo già ciò che

desideriamo e dobbiamo vivere in quella realtà.

• Allo stesso tempo, non dovremmo essere attaccati a ciò che può accadere. Non ci resta che pensare di averlo. Non c'è posto per l'arresto.

Esporremo vari aspetti della Legge di Attrazione e vedremo come possiamo applicarla in una delle aree più importanti della nostra vita.

Attrarre denaro. Si può davvero diventare ricchi solo pensandoci vivaci?

Dobbiamo comprendere meglio la legge e imparare ad applicarla per ottenere queste risposte.

Pensiero oggettivo e soggettivo

Dal momento che la Legge di Attrazione è così fortemente basata sul processo di pensiero, dobbiamo prima imparare quali sono realmente i nostri processi di pensiero.

Uno dei passi principali per comprendere la Legge di Attrazione in misura maggiore è capire cosa significa veramente la parola "pensiero". In tutta la descrizione di questa legge, si dovrà trovare, che non si riferisce a pensare al nostro modo di fare. Pensiamo che esistiamo, che ci troviamo in una situazione particolare, che ci siano alcune persone intorno a noi, che ci siano cose con cui siamo e così via.

Tutto ciò che vediamo diventa reale per noi e questo diventa parte del nostro pensiero.

Tuttavia, questo non è il tipo di processo mentale di cui parla la Legge di Attrazione. Questo è noto come pensiero oggettivo.

Ma, per vedere l'implementazione della Legge di Attrazione nella nostra vita, dobbiamo prima evitare il concetto di pensiero oggettivo. Dobbiamo adottare un livello superiore di pensiero, che è il pensiero soggettivo.

Perché pensiamo che il nostro coniuge sia reale? Perché possiamo vederlo. Ma questo è un pensiero oggettivo.

Con il pensiero soggettivo, le cose saranno all'indietro. Crediamo che il nostro coniuge sia reale ed è per questo che lo vediamo. Questo è il pensiero soggettivo.

 MAGNETI DI DENARO

Il tuo lavoro non è reale. Ma poiché pensi così concretamente che è reale, diventa una realtà per te.

La tua situazione non è reale. Tuttavia, la tua ferma convinzione che stanno accadendo li rende reali per te.

Questo è il regno del pensiero soggettivo. Quando pensi soggettivamente, le cose sono più o meno come se stessi vedendo un sogno. Quando vediamo un sogno, come possiamo immaginarci? Il nostro sé "da sogno" è il vero noi? No, siamo noi a "vedere" il sogno. Siamo solo il quadro di riferimento, la coscienza.

Qualunque cosa accada nel nostro sogno è la nostra prospettiva. Ecco come funziona il pensiero nel mondo soggettivo.

In questo mondo, ciò che vediamo è in realtà solo una manifestazione dei nostri pensieri. Ciò non significa che quelle cose non siano reali. Ciò significa che quelle cose sono presenti nella nostra coscienza. Proprio come potremmo essere in grado di alterare le cose nei nostri sogni, applicando la Legge di Attrazione, potremmo anche alterare le cose nella nostra vita "reale".

MAGNETI DI DENARO

Ferma i processi predefiniti che governano la tua vita

Attribuiamo grande importanza alle cose che sono irrilevanti nella nostra vita, al punto che iniziano a governare la nostra esistenza. Ma ci sono modi per impedire loro di giocare con noi.

In larga misura, permettiamo a cose e situazioni di dominarci. Quante volte nella vita diciamo: "Questa situazione è al di là di me! Non c'è niente che io possa fare al riguardo".

Lo facciamo spesso. Ogni volta che lo facciamo, stiamo rinunciando al controllo della nostra vita alle situazioni che ci governano. Non pensiamo un po 'a come la Legge di Attrazione ci suggerisce di fare.

E qual è quella strada?

In poche parole, in questo modo è pensare come se stessi dominando le circostanze. Il fatto è che queste circostanze sono nelle nostre mani. Sta a noi creare situazioni favorevoli al nostro sviluppo e non viceversa.

Pensaci. C'è un problema finanziario che ti sta ostacolando? Probabilmente hai pianificato uno sforzo ma non puoi farlo a causa della carenza di fondi. Allora cosa fai? La maggior parte delle persone penserà che questo non sta andando da nessuna parte e si salveranno. Ma una persona che crede veramente soggettivamente capirà che il problema finanziario è nel quadro di riferimento e non si preoccuperà troppo di esso. D'altra parte, una persona del genere proverà a pensare di poter rendere favorevole la situazione.

Non è pratico? In realtà se inizi a pensare seriamente di avere soldi, che cosa hai intenzione di fare? La Legge di Attrazione ti dice di "visualizzarla" e di comportarti come se avessi i soldi. Se per esempio si chiede un prestito, quando lo fai, dovrai ispirare un sacco di fiducia per far credere che quel denaro è tuo.

La vostra fiducia sarà a tuo favore perché i potenziali finanziatori hanno l'impressione che si ha la possibilità di guadagnare e rimborsare il denaro. Capiscono che sei una persona di merito.

Questo è ciò che fanno i credenti nella Legge di Attrazione. Fanno le cose per loro favorevoli attraverso un intenso processo di pensiero. Il processo mentale o mentale non riguarda questo mondo oggettivo. Pensano di essere al centro di tutto ciò che sta accadendo e di avere il controllo totale sulle situazioni che devono affrontare.

MAGNETI DI DENARO

Cambia il tuo processo di pensiero

Quindi come sviluppate questo tipo di processo mentale, dove pensate di essere il centro dell'universo e che tutto esiste all'interno del vostro quadro di riferimento?

Per creare il processo di pensiero soggettivo che la Legge di Attrazione richiede da te, è molto importante creare il quadro di riferimento appropriato.

Devi essere come la persona che vede tutto in un sogno. La tua realtà percepita è in realtà le cose che stanno accadendo nel tuo quadro di riferimento , che è solo un altro nome per la tua coscienza. Ma devi mettere un dito su questa consapevolezza. Devi ancorarlo.

Questo aspetto - ancorare la mente cosciente - è noto come il perno del processo di pensiero.

Quando inizi a trasformare il tuo processo di pensiero, il requisito principale è avere un punto fisso da cui puoi iniziare. Normalmente, questo punto fisso è la tua risoluzione, la tua intenzione, il tuo motivo, il tuo scopo. Ad esempio, se hai davvero bisogno di avviare un'attività, la tua risoluzione è l'asse. Più sei determinatoa raggiungere questo, più sarai supportato. Questo è il motivo per cui le persone che hanno risoluzioni più forti sono in grado di realizzare cose migliori rispetto alle persone che non hanno una mentalità molto forte per realizzare qualcosa.

Se consideri il tuo desiderio come il tuo asse e vedi tutto da quella prospettiva, tutto inizia a sistemarsi. Ti senti come se tutto ciò che sta accadendo stia accadendo come un modo per avvicinarti al tuo desiderio. Nel caso di cui sopra, se il tuo desiderio di iniziare un business è la tua base, il tuo asse, devi pensare come se ciò stesse già accadendo nella vostra vita e questo sarà un passo più vicino alla realizzazione di t noi sogna. Ciò include sia aspetti positivi che negativi. Se incontri improvvisamente qualcuno, senti che in qualche modo sarà collegato alla tua nuova attività, che non è ancora iniziata, ma non hai apprensione in merito. Senti anche che essere licenziato dal tuo lavoro di scrivania è qualcosa che ti avvicina alla tua attività.

Le persone che credono nella Legge di Attrazione costruiscono incondizionatamente tali assi nelle loro menti. Quindi tutta la sua vita è focalizzata su questo asse. Questo è ciò che ti spinge e ti motiva ad avvicinarti ai tuoi obiettivi.

La mente giusta per i soldi

Stiamo applicando la Legge di Attrazione alla ricchezza. Ciò che è importante qui è la mentalità di cui abbiamo bisogno per creare questa app.

Cosa ci dice la Legge di Attrazione sul denaro?

In realtà è molto importante notare che la Legge di Attrazione non riguarda solo il denaro. È una legge molto generale che può essere applicata a tutti gli aspetti della nostra vita. È una legge che ci aiuta ad arricchirci come individui, non solo come entità finanziarie. Tuttavia, stiamo cercando di vedere come possiamo applicare la Legge di Attrazione quando si tratta di attrarre denaro.

Questo è il motivo per cui diventa vitale sapere che tipo di mentalità dovresti avere.

Se proviamo ad attuare la Legge di Attrazione su questo concetto, dobbiamo renderci conto che una persona che sta davvero cercando di attirare denaro deve pensarci continuamente.

Poiché i pensieri attraggono risultati, questo è ciò che deve accadere.

Tuttavia, i pensieri non dovrebbero essere obiettivi. Cosa sono i pensieri oggettivi? Quando pensate ad un progetto e la prima cosa che vi viene in mente sono i soldi che guadanerete, quello è un pensiero oggettivo. Se non riesci a pensare oltre i numeri, tutto ciò che fai è pensare in modo obiettivo. Stai pensando a quanto potresti guadagnare, quanto potresti risparmiare, ecc. Questi sono pensieri oggettivi e se applicassi la Legge di

Attrazione, capiresti che questi pensieri non attireranno denaro per te.

Pertanto, è necessario pensare soggettivamente. Non pensare ai soldi stessi, ma pensa a cosa devi fare per portare i soldi. Pensare alla qualità del tuo prodotto, ad esempio, è un buon passo in questa direzione.

Quando lo fai, stai davvero migliorando il potenziale di vendita del tuo prodotto e quindi stai portando i soldi.

Una persona che crede nella Legge di Attrazione diventa automaticamente onesta perché sa cosa serve per ottenere i soldi. Non credono nelle soluzioni rapide, credono nelle soluzioni a lungo termine. Questo dovrebbe essere anche il tuo modo di pensare al denaro

- Non pensare a come portare denaro; pensare a quello che dovrebbe essere fatto per consentire al denaro di fluire.

Una persona che crede nella Legge di Attrazione diventa automaticamente onesta perché sa cosa serve per ottenere i soldi. Non credono nelle soluzioni rapide, credono nelle soluzioni a lungo termine. Questo dovrebbe essere anche il tuo modo di pensare al denaro

- Non pensare a come portare denaro; pensare a quello che dovrebbe fatto per consentire i tratti di denaro si.

La manifestazione della ricchezza attraverso la legge di attrazione

I cinque passaggi necessari per manifestare ricchezza applicando la Legge.

Ecco le cinque cose che devi fare per manifestare la ricchezza che ti aspetti attraverso la Legge di Attrazione.

Credere

Il primo passo è radicare il pensiero della ricchezza nel tuo subconscio. Devi pensare fermamente che sarai in grado di ottenere la grande quantità di ricchezza che stai aspettando.

Visualizzare

È molto importante visualizzare davvero la ricchezza. Devi pensare che la ricchezza è già nel tuo conto bancario e ora che cosa hai intenzione di farne. Comincia a pensare come se stesse pianificando cosa fare con i soldi. Non ce l'hai più, ma non è questo il punto. La Legge di Attrazione afferma che devi essere forte nelle tue convinzioni e la visualizzazione è il modo migliore per farlo.

Sii grato

Portando la tua convinzione un passo avanti, devi iniziare a ringraziare l'universo per averti concesso ricchezza. Bene, non ti ha già concesso ricchezza, ma non hai alcuna diffamazione in merito a ciò che accade. Si deve essere dannatamente sicuri di ottenere ricchezza e quindi essere grati è la prossima cosa logica.

Ascolta il tuo cuore

Il tuo cuore ti dirà molte cose in questo momento. Ti dirà di fare cose particolari. Reprime non nessuna di queste "voci". Ascoltali attentamente. Agisci su di loro.

Devi assicurarti di ascoltare ogni voce perché ognuna di loro potrebbe essere l'unica voce che apre le porte dell'opportunità.

Continua le tue azioni

Non mollare mai, non mollare mai. Ricorda che fermarsi è un segno di debolezza. Non vuoi che l'universo capisca che la tua convinzione sta vacillando. Vuoi che sappia che rimarrai aggiornato, qualunque cosa accada . Prima o poi, la tua fiducia porterà ricchezza alla tua porta.

MAGNETI DI DENARO

Un povero che pensa positivamente ai soldi è ricco?

Importa solo il pensiero? Se i mendicanti pensano ai cavalli, possono cavalcare?

Questa è una domanda che infastidisce la maggior parte delle persone, specialmente quelle che ascoltano per la prima volta la Legge di Attrazione. Dopotutto, pensano, la Legge di Attrazione parla dei risultati dei pensieri che generano, quindi se dovessero pensare intensamente a qualcosa, non dovrebbero rendersene conto? In altre parole, se qualcuno non ha una macchina e ci pensa, dovrebbe essere il proprietario della macchina, giusto?

Anche se sembra molto romantico, il problema è che la Legge di Attrazione non funziona in questo modo. Non si tratta di pensare di ottenere. Ci sono molti strati qui sotto. Prima di tutto, le persone che pensano alla Legge di Attrazione in questo modo non portano una cosa molto importante nell'equazione: l'enfasi dello sforzo. Non ottieni molto senza incanalare i tuoi pensieri in azione.

Comprendiamolo meglio con un esempio. Supponiamo che tu abbia l'ambizione di aprire un ristorante. In questo momento, è solo la tua ambizione. Sì, stai pensando così tanto che puoi provarlo, ma è tutto. Sarà il tuo ristorante allora?

La risposta è ovvia: **NO**. La Legge di Attrazione non si tratta di stare seduti con la borsa di popcorn a guardare Netflix e ad aspettare che i tuoi desideri interiori si manifestino. Devi lasciare che il pensiero esca

dal tuo sistema. Devi farlo uscire e diventare azione.

Quando penserai intensamente a qualcosa, ci sarà una voce interiore che ti dirà di agire in un modo particolare. Se si sta pensando di aprire un ristorante, una piccola voce dentro di voi ti dirà di iniziare cercando buoni posti. La voce ti dirà di imparare l'arte della gestione alberghiera. Ti diràanche diavviare una raccolta fondi. Ci sono così tante cose che verranno dette da questa voce ancora piccola. L'importante è ascoltarla eagire di conseguenza.

È solo quando inizi a tradurre questi pensieri in azioni che sarai in grado di fare qualcosa al riguardo.

Quindi un mendicante che pensa solo a un cavallo non sarà in grado di fare presto qualcosa.

 MAGNETI DI DENARO

Tuttavia, se pensa a come dovrebbe prendere il cavallo e iniziare a mettere in atto queste idee, è probabile che presto sarà in cima.

MAGNETI DI DENARO

Che dire di lotterie e guadagni inaspettati?

Che cosa dice la Legge di Attrazione sulle lotterie e tutti gli altri tipi di modalità di ricchezza durante la notte?

Una domanda molto comune per la maggior parte delle persone è se possono vincere lotterie e avere altri tipi di fortuna semplicemente credendo fermamente in loro, proprio come farebbe la Legge di Attrazione. Pensano fortemente alla vittoria, e quindi perché non dovrebbero vincere? Pensano persino di vincere sempre, comprano i biglietti a dozzine, quindi i vincitori dovrebbero essere loro, giusto?

Il problema è che queste persone sono nella premessa corretta, ma non la stanno

implementando nel modo corretto. Quindi qual è il percorso corretto? Puoi usare la Legge di Attrazione per vincere una lotteria?

Bene, per quello, la prima cosa è pensare correttamente. Si consiglia di non s aspettarsi un incantesimo in ca zione a portare monete d'oro o porta. Questo non accadrà. Ma puoi allineare le cose a modo tuo. Pensa positivamente alla vittoria. Quando lo fai, le cose iniziano automaticamente ad accadere in un modo che è vantaggioso per te. Probabilmente non diventerai un milionario dall'oggi al domani, ma forse le tue convinzioni forti ti aiuteranno a guadagnare piccoli importi e ad essere felice con loro.

Ma ci sono modi in cui puoi andare contro la Legge di Attrazione qui. Se aspetti troppo a lungo, è sbagliato. La Legge di Attrazione ti dice di avere una forte convinzione, ma non ti dice di aspettarti un particolare tipo di risultato. Basta visualizzare cosa accadrebbe se tu fossi un vincitore di una somma

particolare, tuttavia, non forzare l'universo a concederti quella somma. Allo stesso modo, se inizi a tenere il broncio se non stai guadagnando il tipo di reddito che pensi di dover essere, stai annullando tutte le tue convinzioni positive. Crabby è un segno di incredulità e quindi un segno di debolezza.

Le persone che vincono le lotterie in qualche modo pensano di meritare la vittoria. Se glielo chiedessi, direbbero che hanno visualizzato che a un certo punto della loro vita hanno vinto la lotteria e che l'hanno immaginata così vividamente da ritenere che fosse reale.

Non lo so. Vai a capire. Visualizza il tuo risultato. Non esagerare. Non aspettarti troppo.

Le cose inizieranno ad allinearsi. Ma preparati ad accettare, senza rancore, ciò che

ti viene presentato. Sarà meglio di quello che hai, se credi nella cosa giusta.

MAGNETI DI DENARO

Equilibrio tra "I" interno e "I" esterno

Se segui davvero la Legge di Attrazione, devi lavorare per trovare il giusto equilibrio tra il tuo interno e il tuo esterno.

Una delle applicazioni più significative della Legge di Attrazione è bilanciare il nostro interno e il nostro esterno. Il nostro essere interiore è la nostra coscienza. È il modo in cui pensiamo e ci comportiamo. È qui che la Legge di Attrazione inizia ad entrare in vigore. La Legge di Attrazione inizia a manifestarsi quando pensiamo e quello inizia dentro di noi. Il nostro essere esteriore è caratterizzato dalla nostra azione. Il modo in cui agiamo e implementiamo i nostri processi di pensiero è come funziona il nostro essere esterno.

Se dobbiamo fare il miglior uso della Legge di Attrazione nella nostra vita, allora è essenziale che impariamo a creare l'equilibrio tra il nostro interno e il nostro esterno. È di vitale importanza mettere in pratica ciò che pensiamo. Ciò che inizia come manifestazione di pensiero deve diventare azione.

Se hai appena pensato e ti sei seduto a pensare di ottenere una nuova casa, ciò non accadrà. Sì, se i tuoi pensieri sono forti, se la tua convinzione è forte, l'universo inizierà ad allinearsi per far accadere le cose. Ma ora sei tu che devi agire. Se non sollevi un dito, le cose non accadranno. Ora devi mettere in azione il tuo essere esterno. È allora che le energie positive che sono state create iniziano a prendere forma e le cose iniziano a succedere.

Il problema con la maggior parte di noi è che usiamo il nostro essere interiore per pensare e credere. Così spesso diciamo che vogliamo fare una cosa in particolare, ma solo pochi di noi mettono effettivamente in azione la parte esterna.

La Legge di Attrazione farà accadere le cose. Ma allineerà semplicemente le cose in un modo particolare. Il resto è una tua decisione. Ti darà fiducia nel fare certe cose, e questo è ciò che influenzerà le persone intorno a te e le cose ti succederanno positivamente, ma la cosa principale perché ciò accada è che devi prendere l'iniziativa e agire.

 MAGNETI DI DENARO

Perché non tutti quelli che usano la legge di attrazione diventano ricchi?

Molte persone potrebbero pensare alla Legge di Attrazione. Ma solo alcuni di loro iniziano davvero a salire la scala del successo e diventano davvero ricchi.

Perché non tutti quelli che usano la legge di

L'attrazione diventa ricca?

Se hai seguito fino ad ora, avrai notato due cose:

La Legge di Attrazione è una realtà definita; tutti lo mettono in pratica.

Tuttavia, molte persone non lo usano nel modo giusto.

La forza della Legge di Attrazione non può essere confutata per incanalare le energie dell'universo in modo tale che le cose possano iniziare ad accadere favorevolmente.

Ma il problema è che la Legge di Attrazione canalizzerà solo queste cose.

Se non usiamo le energie per raggiungere ciò che desideriamo, tutto sarà una causa persa.

Ad esempio, se pensi solo a diventare ricco ma non fai nulla attivamente al riguardo, non puoi diventare ricco. Infatti, anche se si vince attraverso una lotteria, si è di fare lo sforzo di

acquistare la lotteria e monitoraggio dei profitti.

La conclusione è chiara: la Legge di Attrazione funziona, ma solo se la metti in pratica. Queste sono le cose che dovresti fare in sequenza:

Devi credere fermamente che accadrà qualcosa in particolare. La tua convinzione deve essere forte e incrollabile, così incrollabile che nulla dovrebbe travisare la tua convinzione in alcun modo.

Quindi devi visualizzare questa cosa, come se ti fosse davvero successo e che ti stai godendo i suoi frutti.

Il prossimo passo sarà iniziare ad agire sulla tua voce interiore. Sentirai molto la tua voce interiore quando credi fermamente in qualcosa. Agire su questo è ciò che ti avvicina alla realizzazione delle tue ambizioni.

 MAGNETI DI DENARO

Quindi, se stai pianificando di diventare ricco attraverso la Legge di Attrazione, la cosa importante per te è credere e quindi agire. Senza nessuno di essi, nulla si adatterà al tuo posto.

Conclusione

La Legge di Attrazione può renderti ricco. Devi averlo ascoltato molto. Ora sai cosa serve per arrivarci.

Visita la nostra pagina degli autori su Amazon! E ottenere più libri di MENTES LIBRES!

https://www.amazon.it/MENTES-LIBRES/e/B08274DDV4?ref_=dbs_p_ebk_r00_abau_000000

Se lo desiderate, potete lasciare il vostro commento su questo libro cliccando sul seguente link in modo che possiamo continuare a crescere! Grazie mille per il vostro acquisto!

https://www.amazon.it/dp/B089NX8VB5